Manufactured by Amazon.ca
Bolton, ON

37166202R00061